CALINO

CHARGE D'ATELIER

PAR

MM. THÉODORE BARRIÈRE ET FAUCHERY

Représentée pour la première fois, à Paris, sur le théâtre du VAUDEVILLE, le 12 mars 1856.

PARIS

MICHEL LÉVY FRÈRES, LIBRAIRES-ÉDITEURS

RUE VIVIENNE, 2 bis

1856

Distribution de la Pièce.

CALINO, 36 ans....................	MM. PARADE.
TONY, peintre d'histoire.............	CHAUMONT.
SCIPION, son élève.................	GALABERD.
FRITZ, sculpteur...................	JEANDRON.
LAFAUCOLLIÈRE, artiste amateur....	ALLIÉ.
MISTIGRIS, rapin..................	IRMA GRANIER.
LAURE, femme de Calino............	Mmes LAURE.
MARIE, sœur de Calino.............	DUPUIS.
RÉGINA, modèle...................	ARÈNE.
TOINETTE, servante................	GABRIELLE.

CALINO

Un atelier, mobilier éclectique : bahut moyen âge, dressoir en chêne sculpté, tabourets en bois blanc, fauteuils Louis XV, divans, selles et chevalets ; au plafond, crocodiles et veaux marins, sur les murs, toiles, pipes et armures ; sur les meubles des statuettes ; çà et là des affiches de spectacle et des écriteaux de logements à louer. Une girouette représentant un chasseur à l'affût, un gant de tôle peint en rouge emprunté à la boutique d'un mercier et une monstrueuse carotte de même couleur et de même métal empruntée à la décoration d'un marchand de tabac ; à gauche, un grand paravent.

—

SCÈNE PREMIÈRE.

TONY, SCIPION, FRITZ, LAFAUCOLLIÈRE, MISTIGRIS, RÉGINA *.

(Au lever du rideau, Tony est debout à gauche, troisième plan, devant une grande toile qui ne laisse voir que ses jambes en bas, et la fumée de sa pipe en haut. Au deuxième plan, à droite, Fritz enveloppe de la fumée de son cigarre une statuette qu'il ébauche, Régina, peu couverte et étendue sur un lit antique, au premier plan, à droite, pose pour une des femmes de la décadence. Mistigris, assis sur une bûche, dessine un nez grand comme un enfant de douze ans. Lafaucollière parle bas à Régina. Scipion, couché à plat ventre au milieu de la chambre, compose une épître amoureuse. Ça sent généralement la pipe.

TONY, chantant.

J'entends venir la nuit,
La *vache* murmure et s'enfuit.
On veut l'attraper.

TONY, à Lafaucollière qui est placé de manière à cacher Régina.

Ote-toi donc, Lafaucollière, tu me gênes.

LAFAUCOLLIÈRE.

Ça ne ressemblera pas, j'étais un prétexte.

TOUS, excepté Lafaucollière et Scipion.

Pan ! pan ! pan !

TONY.

On veut l'attraper.

* Tony, Fritz, Lafaucollière, Scipion, Mistigris, Régina.

TOUS.

Pan! pan! pan!

TONY.

Mais elle s'enfuit en pays étrangers.

REPRISE EN CHŒUR.

Voici venir la nuit
La *vache* murmure et s'enfuit.
Pan! pan! etc.

SCIPION, d'une voix formidable.

Assez! sacrebleu! au milieu de ce bruit-là, je ne peux pas trouver de rime à indifférence.

MISTIGRIS.

Moi, je ne peux pas faire ma narine.

FRITZ.

M. Mistigris, peintre de narines! (Tous rient.)

LAFAUCOLLIÈRE.

On n'est pas plus insipide que vous; c'est intolérable.

TONY, à Fritz, achevant l'air.

Ah! ah! ah! ah!

LAFAUCOLLIÈRE, à Régina, sur la ritournelle.

Pour un simple sourire, je vous offre le plus beau fleuron de ma couronne de comte.

RÉGINA.

Oh! merci bien, monsieur de Lafaucollière; mais vous savez ce que je vous ai dit : je n'aime pas les artistes amateurs, moi.

LAFAUCOLLIÈRE.

Comment?... mais je suis un artiste sérieux!... J'adore les tableaux.

MISTIGRIS.

Oui, les tableaux vivants!...

LAFAUCOLLIÈRE.

Dis donc rapin!... je t'ai déjà défendu de fourrer ton nez dans la conversation.

MISTIGRIS, qui regardait son dessin *.

Allons, c'est bon!... je vas le fourrer dans le poêle!

SCIPION, cherchant toujours sa rime.

« Je souffre hélas! de votre indifférence. » (Cherchant.) Anse... anse... (Haut.) Qu'est-ce qui rime donc, selon vous, avec indifférence?

TONY.

Circonférence!

FRITZ.

Diligence!

LAFAUCOLLIÈRE.

Faïence!

* Tony, Fritz, Mistigris, Scipion, Lafaucollière, Régina.

MISTIGRIS.

Potence !

SCIPION, furieux.

Crétins !

MISTIGRIS, tranquillement.

Ça ne rime pas ! (L'heure sonne.)

LAFAUCOLLIÈRE.

La séance est levée !

RÉGINA.

Enfin ! c'est fini !... (Sautant en bas de son lit.) Mes bottines, Lafaucollière.

LAFAUCOLLIÈRE, les lui apportant.

Voilà ! voilà !

TONY, qui a quitté son chevalet et s'est approché de Scipion.

Ah çà ! qui diable écris-tu donc là ?

TOUS.

Oui, au fait !... à qui ?

SCIPION.

Chut !... J'écris à Marie !

TONY.

La sœur de Calino ! fais voir ? (Prenant la lettre.) C'est perlé, mais c'est court !

SCIPION.

Ce n'est que le commencement.

TONY.

Elle est bien bonne !... ce matin, moi, j'ai voulu écrire à la femme du même Calino, et je n'ai trouvé que la fin. (Il donne une lettre à Scipion.)

FRITZ.

Les petites lignes, font les grandes lettres... mariez-les vôtres, ça vous donnera une page, et vous en ferez deux copies.

SCIPION.

C'est une idée !... vers et prose mêlés ! ça aura l'air d'un opéra-comique. (Il s'assied et écrit.)

RÉGINA.

Ah çà ! mais, depuis ce matin, les oreilles me tintent de ce nom de Calino. Qu'est-ce que c'est donc que cette bête-là ?

TONY.

Elle n'est pas encore classée par les naturalistes. C'est nous qui l'avons trouvée, sous le quatorzième degré de latitude nord du quai aux Fleurs.

RÉGINA.

Mais enfin, qui est-ce ?

TONY.

Quoi ? vraiment ? vous ne connaissez pas ? ah ! au fait, c'est la première fois que vous nous faites l'honneur de nous visiter dans notre nouvel atelier.

LAFAUCOLLIÈRE.

C'est vrai ! ingrate !...

RÉGINA, derrière le paravent.

A propos, pourquoi donc avez vous quitté votre atelier de la rue Fontaine-Saint-Georges? c'était plus gai.

MISTIGRIS.

Oui, on voyait le cimetière Montmartre.

TONY.

Oh! là-bas, le paysage était assombri par la vue d'un être rapace qui nous dérangeait régulièrement tous les trois mois de nos occupations artistiques pour nous demander ce qu'il appelait dans son langage barbare...

RÉGINA, riant.

Le montant du loyer.

TONY *.

Juste!

RÉGINA.

Eh bien! mais... votre nouveau propriétaire?

FRITZ.

Il n'a pas encore été perverti par le contact des autres hommes... il nous laisse du temps.

RÉGINA.

Son nom, s'il vous plaît?

TOUS, les uns après les autres, et sur l'air de Fra-Diavolo.

Calino, Calino, Calino.

SCIPION, qui écrit toujours, continuant l'air.

Calino!... Calino! .. (Relisant un passage de sa lettre.) « Puique vous aimez la campagne, » ah! que ne suis-je l'herbe tendre. (Relevant la tête.) Est-ce qu'il faut une virgule après la campagne?

TOUS, se regardant.

Une virgule, une virgule.

SCIPION.

C'est pour une dame?

FRITZ.

Alors, mets-en deux.

SCIPION.

Bon!

TOUS.

L'absinthe! l'absinthe!

FRITZ.

Paye-là donc, Lafaucollière.

TONY.

Pour une fois.

LAFAUCOLLIÈRE.

De plus!... je la connais celle-là. (Appelant.) Mistigris! à c't' absinthe. (Il lui donne de l'argent, Mistigris sort.)

RÉGINA.

Et enfin, ce Calino?

* Mistigris, Fritz, Tony, Régina, Scipion, Lafaucollière.

TONY.

Grâce à lui, nous nous asseyons à la table d'hôte de nos rêves ! viandes saignantes, Ruoltz, égards et primeurs.

RÉGINA.

Ah çà ! c'est donc une corne d'abondance que ce monsieur-là?

TONY *.

C'est un peintre en herbe, à ce qu'il dit du moins, un produit du Bourbonnais... qui est tombé à Paris, il y a cinq ou six mois, avec une jolie femme et une sœur charmante.

RÉGINA.

Une jolie femme, une sœur charmante! ah! je comprends pourquoi vous avez fait sa connaissance.

FRITZ.

Permettez, c'est lui qui a fait la nôtre.

RÉGINA, à Fritz qui joue aux cartes.

Tiens, qu'est-ce que vous faites donc-là ?

FRITZ.

Nous jouons l'absinthe que Lafaucollière à payée.

TONY.

Certainement, que c'est Calino qui a fait notre connaissance, car nous ne voulions pas d'abord l'admettre dans le cénacle, mais il a fini par se traîner à nos genoux pour nous arracher la promesse formelle de venir nous installer dans sa maison aux conditions suivantes : (Il tire un papier de sa poche et lit.) « Entre les « soussignés, Tony, peintre d'histoire, et tous les amis qu'il jugera « convenable, d'une part.— Et le sieur Calino, fondateur de l'hô- « tel ayant pour titre : — LES ARTS ET L'AMI DE L'HOMME. — « D'autre part. » (A Régina, appuyée sur son épaule, et qui lui retire la pipe de sa bouche.) Casse-moi ma pipe toi, fais un coup comme ça. « Le sieur Calino offre au sieur Tony et à ses amis la table « et le logement aux prix les plus doux. Les questions de rè- « glement de compte, si longs qu'ils soient, devront toujours être « traités à l'amiable, et de plus, la confiance étant fille de l'âge « d'or, on laissera à la disposition des consommateurs les clés « de la cave. »

MISTIGRIS, entrant.

Voilà l'absinthe !

TONY, continuant.

« (*N. B.*) Tout contrôle ne se produisant que par des mesures attentatoires à la dignité de MM. les artistes, l'abus ne pourra être constaté dans aucun cas. Aux conditions ci-dessus énoncées et remplies, le sieur Tony et ses complices... non, ses confrères, accepteront la pénible mission de ramener le sieur Calino dans le vrai et rude sentier de l'art, et de diriger l'essor de son génie naissant. — Fait double et de bonne foi ! »

* Régina, Tony, Fritz, Lafaucollière, Scipion.

RÉGINA.

Oh ! de bonne foi !

FRITZ.

Comment ?... (Mistigris qui a préparé l'absinthe la présente à tous.)

RÉGINA.

Mais votre Calino, a-t-il des dispositions ?...

TONY.

Aucunes; mais nous n'avons rien à nous reprocher.

LAFAUCOLLIÈRE.

Non, on l'a fait commencer par le commencement. Mistigris lui a conféré la préparation des palettes, l'achat du tabac et l'allumage du poêle.

MISTIGRIS.

Et je dois déclarer que, dans l'accomplissement du dernier de ces trois devoirs fondamentaux, je n'ai pas rencontré chez lui ce feu sacré qui dore le crépuscule de l'art, l'inspiration manquait; il allumait froidement. (Tous rient.)

RÉGINA.

Voulez-vous que je vous dise ? Eh bien ! ce que vous faites-là est très-mal... votre Calino est un malheureux qui a une tocquade !... il a besoin de conseils, et il vous offre en échange, comme je vous le disais tout à l'heure, une corne d'abondance, et la corne une fois vide !... vous voulez la lui doubler sur la tête, ça n'est pas gentil.

FRITZ.

Ah ! laissez donc, si vous connaissiez l'homme.

SCIPION.

C'est un phénomène d'outrecuidance.

FRITZ.

Il abuse de notre titre de débiteur pour nous faire avaler sa peinture.

TONY.

Il ose critiquer le vert Véronèse et le brun Van-Dyck.

SCIPION.

Il croit sincèrement à son talent ! il soutient !...

TONY.

Qu'il fera une révolution dans les arts ! Quand nous voulons lui conseiller en amis de faire des bottes, il s'enveloppe dans sa fierté et nous regarde tous du haut de sa grandeur. Ainsi nous nous étions mis en quatre pour lui procurer une place de teneur de livres chez un épicier, dix-huit cents francs par an...

SCIPION.

Le sucre et le savon.

TONY.

Et il l'a refusée avec mépris ; c'est agaçant.

RÉGINA.

Mais, sacristi ! s'il est toqué, cet homme ?

FRITZ.

Il l'est trop, ou pas assez ; qu'il se prononce.

RÉGINA.

Eh bien! ne le tourmentez pas, mais quittez-le.

TOUS.

Le quitter!

FRITZ, avec noblesse.

Nous ne le pouvons pas, nous lui devons de l'argent.

SCIPION, se levant.

Ouf!... voilà qui est fait! je n'ai pas signé... j'ai mis des emblèmes, une branche de lierre autour d'un caniche.

RÉGINA.

Voyons, soyez gentils.

TONY, avec dignité.

Les arts sont en cause, Régina.

FRITZ.

Nous défendons un principe.

LAFAUCOLLIÈRE.

Et Louis XIV l'a dit! Périsse la maison de Calino, plutôt qu'un principe.

RÉGINA.

Ah! c'est comme ça! Eh bien, je me mets de son côté et nous verrons...

TONY.

La guerre alors!...

RÉGINA.

Oui, la guerre.

TOUS.

La guerre!...

RÉGINA.

Mais on m'attend, j'ai une séance à midi. (Avec noblesse.) Nous nous reverrons.

TONY.

Alors, c'est bien convenu, la guerre!

RÉGINA.

Oui, la guerre.

TONY.

Au revoir, Régina.

TOUS.

Au revoir. (Régina sort, reconduite par quelques-uns des artistes. Lafaucollière se dispose à la suivre.)

TONY.

Où vas-tu?

LAFAUCOLLIÈRE.

Je vais lui offrir...

TONY.

Ta couronne de comte.

LAFAUCOLLIÈRE.

Non, un fiacre. (Il sort en courant.)

SCÈNE II.

LES MÊMES, moins RÉGINA et LAFAUCOLLIÈRE.

FRITZ *.

Quelle bonne fille que cette Régina!

TONY.

Et quelle huître que ce Lafaucollière!

FRITZ.

Oui, mais il est supportable au point de vue des parties de campagne ; il fait très-bien les choses.

TONY **.

Ah! bah! il n'a plus rien.

MISTIGRIS, à demi voix.

Il a encore sa montre.

TONY, indigné d'abord.

Oh ! très-bien, Mistigris.

SCIPION, qui a cacheté la lettre.

Monsieur Mistigris.

MISTIGRIS ***.

Monsieur?

SCIPION.

Vous allez porter ces deux lettres à leur adresse. Célérité! mystère ! vous comprenez!...

MISTIGRIS.

Comme deux et deux font quatre.

SCIPION.

Vous direz à ces dames que nous attendons la réponse dans la première cruche de Chine à gauche, en entrant !...

MISTIGRIS.

Je vole. (Il s'élance et se cogne avec Calino, qui entre.) Ah ! pardon ! Monsieur !... je vous voyais ! croyez-le bien ! (Il sort ****.)

SCÈNE III.

LES MÊMES, moins MISTIGRIS; CALINO.

TONY.

Ah ! bonjour, monsieur Calino *****.

CALINO.

Bonjour, Messieurs. (A part.) Ils ont l'air de bonne humeur.

TOUS, chantant.

Bonjour, monsieur Calino !

* Fritz, Tony, Scipion, Mistigris.
** Fritz, Mistigris, Tony, Scipion.
*** Fritz, Tony, Mistigris, Scipion.
**** Fritz, Tony, Calino, Mistigris, Scipion.
***** Fritz, Tony, Calino, Scipion.

CALINO, à part.

S'ils pouvaient donc me laisser tranquille. (Il va à son chevalet*).

SCIPION.

Vous venez travailler à l'enlèvement de Déjanire, votre grande toile?

CALINO **.

Grande!... oh! non, elle n'a que 20 pouces.

SCIPION.

20 pouces aujourd'hui! mais quand elle sera faite!... cent coudées.

CALINO, avec finesse.

Riez, riez, Messieurs, petit poisson deviendra grand.

SCIPION, aux autres.

Le voilà qui se drape.

CALINO, sans avoir l'air.

Je vous croyais sortis pour votre promenade habituelle avant le déjeuner.

SCIPION.

Vous nous renvoyez, monsieur Calino.

CALINO.

Mais non.

TONY.

Nous vous gênons?

CALINO.

Oh! par exemple!

FRITZ.

Nous nous retirons donc. (Ils remontent.)

CALINO.

Messieurs, je vous en supplie! ne croyez pas...

TONY.

Mais, à propos du déjeuner, monsieur Calino, que nous offrirez-vous aujourd'hui? (Ils descendent.)

CALINO, à part.

Ah! ça va les mettre en bonne humeur. (Haut, et avec satisfaction.) Il y a une oie... une oie superbe.

TONY.

Une de celles qui ont sauvé le Capitole, peut-être.

CALINO ***.

Je ne vous dirai pas, c'est ma femme qui l'a achetée. (Tous rient.) Si vous désirez autre chose?

FRITZ.

Mais à vous parler franc, monsieur Calino, nous trouvons votre cuisine un peu bourgeoise.

SCIPION.

Certainement! elle manque de fantaisie.

* Scipion, Tony, Fritz, Calino.
** Calino, Scipion, Tony, Fritz.
*** Scipion, Calino, Tony, Fritz.

TONY.

Ainsi, il y a de certaines choses que vous ne nous servez jamais; par exemple, des lamproies au vinaigre de Lesbos.

SCIPION.

Des cervelles de paon.

FRITZ.

Des foies de Scarrus.

TONY.

Des langues de phénicoptères; vous ne nous en avez jamais fait manger, monsieur Calino.

CALINO.

Mais il n'y a pas de tout cela à la halle.

TONY.

En effet, depuis la chute des derniers empires; mais on en trouverait probablement.

CALINO.

Où donc?

TONY.

Dans les ruines d'Herculanum. (Tous rient.)

CALINO, à part.

Ils se moquent de moi.

TONY.

Adieu, monsieur Calino.

FRITZ *.

Travaillez, prenez de la peine.

SCIPION.

C'est le fond qui manque le plus!...

TONY.

A bientôt, monsieur Calino. (Ils sortent.)

SCÈNE IV.

CALINO, seul.

Allez! allez! vous ne me découragerez pas!... au contraire, au contraire!... je sais que de tous temps le talent a été persécuté; ainsi, puisqu'on me persécute, c'est que j'ai du talent. (Il prépare ses couleurs.) Voilà mon seul moment de bonheur dans la journée! (Regardant son tableau.) Oh! la peinture! que c'est beau!... (Peignant.) Il y a une chose qui m'intrigue... ils parlent toujours de l'inspiration, ils disent que ça leur monte au cerveau! je n'ai jamais éprouvé ça, moi, et cependant je me crois aussi malin qu'un autre. (Peignant.) Je vais remettre encore un peu de rouge sur la tunique de Nessus, ça fait qu'Hercule la verra mieux. Oh! *comme* je me mets à la place d'Hercule! Si on voulait m'enlever ma petite Laure!... ma femme bien-aimée!... elle ne croit pas non plus à mon talent, celle-là. Les femmes, ça ne

* Scipion, Calino, Fritz, Tony.

comprend pas les arts ! ça ne voit que les rubans ! et je ne peux pas lui en donner !... pauvre chérie !... elle m'en veut. (Se levant.) Mais un jour elle me pardonnera !... et alors !... Ah ! sapristi !... qu'est-ce que j'ai donc fait ?... moi... j'ai un peu embrouillé tout cela... il semblerait maintenant que c'est Déjanire qui a un corps de cheval... s'ils voyaient ça !... ils seraient bien contents !... Mon Dieu ! on peut bien se tromper !... voilà ce que c'est que de penser à autre chose... il faut que ça sèche !... oh ! c'est égal !... c'est dur de ne pas être soutenu dans sa marche : ainsi, Raphaël ! Raphaël... lui-même !... s'il n'avait pas eu sa Fornarina pour lui donner du courage... ah ! il est vrai qu'il en est mort... je n'en mourrai pas, moi... car Laure... me refuse le moindre encouragement... Mais bah ! je serai un jour un grand peintre, (Avec orgueil.) et alors, elle ne me méprisera plus, et je pourrai marier ma sœur, ma petite Marie, à un de mes élèves. (Calino est tombé dans une profonde rêverie.)

SCÈNE V.

LAURE, CALINO.

LAURE *, entrant, à part.

Oh !... je ne lirai pas cette lettre, je vais la rendre à monsieur Tony.

CALINO, à part.

Ma femme !

LAURE.

Il a dit dans le premier vase de Chine, à gauche...

CALINO.

Laure ?

LAURE, à part.

Ah ! mon mari ! (Elle cache la lettre.)

CALINO.

Est-ce que tu ne tenais pas une lettre, quand tu es entrée ?

LAURE, embarrassée.

Oui... en effet...

CALINO.

De qui est-elle ?

LAURE.

Mais de... d'un créancier... il demande de l'argent...

CALINO **.

Ils ne se déshabitueront donc jamais de ça !

LAURE.

Dam ! ces gens, ils réclament leur dû, c'est bien naturel.

CALINO.

Sans doute ; aussi on les paiera.

* Calino, Laure.
** Laure, Calino.

LAURE.

Avec quoi? est-ce avec ça? (Elle retourne le tableau.)

CALINO, voulant l'empêcher de regarder.

Laure!..

LAURE, avec dédain.

C'est du propre...

CALINO, un peu embarrassé.

Oh!... on ne peut pas juger comme ça... ça n'est pas sec...

LAURE.

Dire que vous perdez votre temps à de pareilles niaiseries, au lieu d'essayer de quelque chose qui vous rapporte.

CALINO.

Eh bien! la peinture! ça ne rapporte donc pas? Va, crois-moi, ma petite Laure... de beaux jours luiront pour nous... patiente encore.

LAURE.

Patienter!... patienter!... j'en ai assez comme ça.

CALINO.

Laure!

LAURE.

Si tu crois que c'est amusant de voir toutes les autres femmes bien mises, et de n'avoir pas seulement une robe à se mettre.

CALINO.

Ce n'est pas ma faute, Laure.

LAURE.

C'est peut-être la mienne. Si au lieu de barbouiller de la toile, tu avais accepté la place que t'offraient ces messieurs...

CALINO, à part.

Briser mes pinceaux?... jamais!

LAURE.

Je n'ai pas été habituée aux privations, moi; mon père n'était qu'un ouvrier, mais il faisait de bonnes semaines, j'avais une robe après l'autre, et j'allais au théâtre tous les dimanches.

CALINO, doucement.

Que veux-tu que je te dise, moi, Laure? il ne fallait pas épouser un artiste!...

LAURE, avec dédain.

Un artiste!

CALINO.

Qu'est-ce que je suis donc?

LAURE.

Toi, tu n'es rien du tout! oh! Dieu! que j'ai été bête!... quand je pense que j'aurais pu épouser un horloger!...

CALINO.

Laure, à quoi sert-il de me dire ça? tu ne peux plus être la femme d'un horloger, n'est-ce pas?

LAURE.

Non, mais je puis retourner chez mon père.

CALINO.

Tu veux me quitter parce que je suis pauvre et abandonné de tous... Les rubans, les bijoux, toutes les belles choses te tournent la tête et tu regrettes des horlogers, ça n'est pas généreux, vois-tu ; je fais de mon mieux, moi ; avec l'argent que j'avais, j'ai pris un hôtel garni... on ne peut pas me payer, ce n'est pas ma faute... le peu de bonheur qui entre ici c'est pour toi seule, je n'en demande jamais ma part... qu'est-ce que je peux faire de plus. (Il s'assied.) Ah ! au fait, je pourrais te faire veuve.

LAURE, se jetant dans ses bras.

Mon ami !

CALINO.

Ah ! merci ! tu as eu un bon mouvement, si tu savais le bien que tu m'as fait ?

LAURE, émue.

Mon pauvre homme ! j'ai eu tort, mais que veux-tu ! j'ai été un enfant gâté, moi.

CALINO.

Je sais bien ; aussi je ne t'en veux pas... mais il ne faut pas m'en vouloir non plus à moi, le talent me viendra.

LAURE.

Tiens, mon pauvre Calino, tu as beau dire, va... tu peux faire un bon mari... mais un bon peintre...

CALINO.

C'est terrible ça que tu ne veuilles pas croire ce que je te dis.

LAURE.

Demande donc à ces Messieurs s'ils te croient, eux.

CALINO.

Ah ! c'est malin ça ; si je leur demande, ils me diront non. Ils ont peur de l'avenir, ils voient un concurrent sérieux qui arrive avec des idées nouvelles, et ils veulent l'étouffer, c'est tout simple ; comment, toi qui as de l'esprit, tu n'as pas compris tout de suite qu'ils voulaient m'étouffer ? (Il va à son chevalet.)

LAURE, à part *.

Allons, il est fou, bien sûr. (Mistigris est entré et a été regarder dans le vase.)

MISTIGRIS, à part.

Tiens ! il n'y a rien poste restante.

LAURE, à part **.

Mistigris ! (Elle se rapproche de lui.)

MISTIGRIS, bas à Laure.

Réponse, s'il vous plaît.

LAURE, bas.

Vous rendrez la lettre à M. Tony.

* Calino, Laure.
** Calino, Laure, Mistigris.

MISTIGRIS.

Bien obligé... Je n'ai pas envie de me faire massacrer.

LAURE, bas.

C'est bien, je la lui remettrai moi-même. (Elle remonte.)

CALINO.

Tu t'en vas?

LAURE.

Oui... je vais rendre la réponse à cette lettre... tu sais...

CALINO.

Ah! oui... eh bien! promets toujours.

MISTIGRIS, riant.

C'est ça, promettez toujours.

LAURE, à part, souriant.

Pauvre homme... s'il savait? (Elle sort.)

SCÈNE VI.

CALINO, MISTIGRIS, puis MARIE ET TOINETTE.

MISTIGRIS, regardant par-dessus l'épaule de Calino * qui s'est remis à son tableau.

C'est pour un marchand de comestibles ce que vous faites-là, monsieur Calino?

CALINO.

Comment? l'enlèvement de Dejanire pour un marchand de comestibles... est-il bête!...

MISTIGRIS.

Ah! c'est de la mythologie? pardon, je croyais que c'était du gibier.

CALINO.

C'est bien, Monsieur, on ne s'y trompera pas je l'espère à l'exposition.

MISTIGRIS.

A l'exposition! oh! vous êtes trop modeste, monsieur Calino... votre tableau mérite mieux que l'exposition, il mérite les galères.

CALINO.

C'est insupportable!... on ne peut pas peindre comme ça.

MISTIGRIS.

Ça devrait être défendu au moins.

CALINO, marchant.

La position n'est pas tenable!... je le vois bien!... il se sont donné le mot... c'est une coalition, ils ont juré de briser ma carrière... ça ne peut pas durer.

MISTIGRIS, qui avait commencé de ranger l'atelier.

Est-ce que vous êtes malade?

* Calino, Mistigris.

CALINO, marchant toujours *.

Jusqu'à présent, j'ai été trop bon! trop modeste... et l'on m'a cru bête! on n'a pas voulu croire que j'avais du talent, c'est évident! il faut donc... voyons, cherchons... quitter l'atelier, cela ne remédierait à rien, ils feraient jouer le télégraphe pour me signaler à toute la gent rapinière, et ma charge ferait le tour du monde, tout le long des murs; non, non, il me faut autre chose.

MISTIGRIS.

Voulez-vous des sangsues?

CALINO.

Va-t-en au diable! (Il s'assied à droite.)

MARIE, entrant, à part **.

J'ai eu tort de répondre à M. Scipion, car il ne parle pas de mariage du tout dans sa lettre.

MISTIGRIS, bas.

Ah! mademoiselle Marie.

MARIE, bas.

Je vais tout dire à mon frère, Monsieur!

MISTIGRIS.

Mais cette lettre que vous tenez là... c'était pour mon maître.

MARIE.

Oui... mais j'ai réfléchi!... je la garde!

CALINO, même jeu.

Oh! oh! je tiens mon idée, je serai le maître au logis... je ne permettrai plus à madame Calino de douter de moi, à ma sœur de me prendre en pitié! à ma bonne de... et pour commencer... (Apercevant Toinette qui vient d'entrer dans l'atelier.) Qu'est-ce que tu veux, toi?...

TOINETTE ***.

Moi, Monsieur?... mais je viens chercher la pipe et le tabac de monsieur Scipion.

CALINO.

Une pipe! du tabac! pourquoi faire! pour fumer, je gage; je ne veux pas qu'on fume dans les appartements, ça noircit les plafonds...

TOINETTE.

Mais... ils sont noirs, Monsieur!

CALINO.

Pas d'observations ou je te chasse.

TOINETTE.

Cependant!

CALINO.

Tu es chassée... v'lan.

MARIE, qui a cherché à placer un mot ****.

Alexandre, je voudrais te parler.

* Mistigris, Calino.
** Marie, Mistigris, Calino.
*** Toinette, Calino, Mistigris, Marie.
**** Toinette, Calino, Marie, Mistigris.

CALINO.

Me parler... et qui t'a donné cette audace?

MARIE.

Que dis-tu?

CALINO.

Silence!... Qu'est-ce que tu fais ici ? tu vas aller t'enfermer dans ta chambre tout de suite, parce que je le veux; parce que je suis le maître.

MARIE.

Il est fou!

CALINO, frappant avec une chaise.

V'lan...

LAURE, entrant.

Quel est ce bruit ? qu'y a-t-il donc ?

CALINO *.

Ah! c'est vous, madame Calino? pourquoi n'êtes-vous pas à veiller aux soins de votre ménage.

LAURE.

Hein?...

CALINO.

Je vous ai épousée pour me racommoder mes chausses et me donner des héritiers... allez me donner des... non; allez me racommoder mes chausses.

LAURE.

Vous n'étiez que bête et vous devenez méchant? prenez garde, monsieur Calino.

TOINETTE, pleurant.

Monsieur m'a chassée...

MARIE, pleurant **.

Il m'a menacée... c'est affreux.

MISTIGRIS, bas, à Laure.

Punissez-le... (Bas, à Marie.) Vengez-vous.

LAURE, à part.

Il le mériterait.

MISTIGRIS, de même, à toutes deux.

Il le mérite.

CALINO, marchant à grand pas.

Ah! ah! nous allons voir...

MISTIGRIS, bas, à Laure.

Mon maître attend une réponse.

LAURE.

Mais.

CALINO, à Laure.

Encore ici...

* Toinette, Laure, Calino, Mistigris, Marie.
** Toinette, Calino, Laure, Marie, Mistigris.

LAURE, furieuse.

Eh bien! je sors... mais tu me le paieras. (Elle sort.) Ah! oui, tu me le paieras!

MISTIGRIS, à part.

Bravo! j'aurai ma lettre... et d'une...

MARIE, à part, tournant sa lettre dans ses doigts.

Quand je voulais tout lui dire, me traiter ainsi.

MISTIGRIS, bas, en guignant la lettre.

Bourgeoise, faut-il un commissionnaire?

MARIE, hésitant *.

Non...

CALINO, à Marie.

Eh bien! pas encore sous clé.

MARIE.

Mais...

CALINO.

Silence!

MARIE, avec colère.

Ah!

MISTIGRIS, enlevant la lettre.

Et de deux.

MARIE.

Monsieur Mistigris...

CALINO **.

Ça va marcher ici maintenant, et quant à messieurs les barbouilleurs...

MISTIGRIS.

Hein?

CALINO.

J'aurai tout à l'heure une explication avec eux... j'ai dit. (Il sort avec noblesse.)

MISTIGRIS, le suivant.

Barbouilleurs!... ah! tu nous le paieras... et d'abord voilà pour commencer! (Il remet à Scipion qui entre, la lettre de Marie et sort.)

SCÈNE VII.

MARIE, TOINETTE.

MARIE ***.

A-t-on jamais vu cette lubie!... si j'ai mal fait, c'est sa faute.

TOINETTE.

Il aura été mordu... c'est sûr...

MARIE, apercevant Scipion ****.

Ah! monsieur Scipion.

* Toinette, Calino, Mistigris, Marie.
** Toinette, Mistigris, Marie, Calino.
*** Toinette, Marie.
**** Toinette, Marie, Scipion.

TOINETTE.

Monsieur Scipion, défendez-nous, monsieur Calino est devenu enragé... il m'a chassée, et il a voulu battre Mam'zelle.

SCIPION.

Par exemple... mais ne craignez rien, Marie... (Lui montrant la lettre que vient de lui remettre Mistigris.) ne m'avez-vous pas donné d'ailleurs le droit de vous protéger?

MARIE, honteuse.

Monsieur Scipion...

SCIPION.

Soyez tranquille... j'en abuserai... et d'abord je vous promets de museler monsieur Calino.

TOINETTE.

Oh! c'est une bonne idée, ça!

SCIPION, entourant la taille de Marie.

Chère petite Marie.

MARIE.

Que faites-vous?

SCIPION.

Je vous protége. (Il l'embrasse.)

MARIE.

Eh bien?

SCIPION.

N'ayez pas peur... je vous protége.

MARIE.

Oh! mais, je ne veux pas être tant protégée que ça.

TOINETTE.

On ne l'est jamais trop, Mam'zelle.

SCIPION.

Marie, est-ce que vous ne m'aimez pas?...

MARIE.

Si, monsieur Scipion, mais...

SCIPION.

Abandonnez-vous à moi... voyez-vous, Marie... vous ne pouvez laisser se faner ici les roses de votre jeunesse; une perle comme vous, Marie, ne peut rester enfermée dans un écrin semblable à celui-ci, avec du papier à douze sous le rouleau pour tout horizon.

MARIE.

Monsieur Scipion...

SCIPION.

Calino vous a-t-il jamais conduite dans le monde?

MARIE.

Une fois seulement au Jardin des Plantes.

SCIPION.

Alors, vous ne connaissez pas *la Closerie des Lilas?* c'est un des meilleurs centres aristocratiques; j'y suis très-bien reçu, je vous y présenterai.

MARIE.

Quand je serai votre femme ?

SCIPION.

Oui, et même avant...

TOINETTE.

Et moi, Monsieur, me prendrez-vous à votre service ?

SCIPION.

Oui, pour nous faire vis-à-vis. (A Marie.) Ah! si vous étiez ma femme, Marie, vous ne garderiez pas cinq minutes cette méchante petite robe; il y a de si jolies étoffes sur la surface du globe!

MARIE.

Oh! oui, n'est-ce pas? des gros de Naples double.

TOINETTE.

Des soies cuites.

MARIE.

Des popelines de l'Irlande... oh! surtout les popelines d'Irlande!... c'est très-bien porté...

SCIPION.

Ma chère petite Marie. (Il veut l'embrasser.)

MARIE *.

On vient, à bientôt...

SCIPION.

A ce soir...

MARIE.

Comment?...

SCIPION.

Si vous m'aimez, Marie... demain... nous aurons quitté la France.

MARIE.

Plait-il?

SCIPION.

Nous irons nous fixer à Vaugirard.

TOINETTE.

Vous m'emmènerez, Monsieur?

SCIPION.

Oui, oui.

MARIE.

Y pensez-vous? monsieur Scipion. Moi, quitter mon frère?... m'enfuir avec un homme qui n'est pas mon mari? mais c'est affreux!

SCIPION.

Non, je vous assure que c'est très-gentil.

MARIE **.

Oh! ne l'espérez pas!

SCIPION.

Cependant!...

* Scipion, Marie, Toinette.
** Scipion, Toinette, Marie.

MARIE.

Quoi ?

SCIPION.

Vous ne pouvez pas m'empêcher d'espérer...

MARIE.

Si, Monsieur, si !... (Elle sort.)

SCIPION.

Nous reparlerons de ça.

TOINETTE.

Espérez, Monsieur, espérez !...

SCIPION.

Merci, Dorine, merci. (Toinette sort.)

SCÈNE VIII.

LAFAUCOLLIÈRE, SCIPION, MISTIGRIS, TONY, FRITZ.

MISTIGRIS, qui est entré le premier *.

Barbe-Bleue n'est pas encore là, Messieurs...

TONY.

Alors, nous avons le temps de faire un peu de toilette pour le recevoir dignement.

FRITZ.

Comprends-tu cela, Scipion ? Calino qui devient un petit tyran.

SCIPION **.

Je ne m'en plains pas.

TONY.

Et moi non plus.

SCIPION, bas.

Ça avance mes affaires auprès de Marie.

TONY, de même.

Et moi les miennes auprès de Laure.

LAFAUCOLLIÈRE.

Voyons, voyons, Messieurs, Calino va arriver, et nous ne serons jamais prêts pour la cérémonie.

FRITZ.

Hâtons-nous, une mise décente est de rigueur. (Tous procèdent rapidement à une toilette grotesque, Fritz retourne sa blouse; Tony passe un habit Louis XV; Lafaucollière se donne un coup de brosse; Scipion met une armure de chevalier; Mistigris met des bottes Louis XIII et un chapeau à cornes.)

LAFAUCOLLIÈRE, au fond.

Attention, voici notre homme... quelle solennité dans sa démarche...

* Tony, Lafaucollière, Fritz, Mistigris, Scipion.
** Lafaucolière, Scipion, Fritz.

MISTIGRIS, monte sur un tabouret derrière Lafaucollière et appuye sur son épaule.

Ah ! mon Dieu! comme il est ébouriffé... on dirait un machin pour ôter les araignées.

LAFAUCOLLIÈRE.

Attention!... le voilà!!! (Calino paraît.)

SCÈNE IX.

LES MÊMES, CALINO *.

CALINO, saluant.

Messieurs.

LAFAUCOLLIÈRE, fermant la porte.

Nous vous attendions, monsieur Calino.

CALINO, à part.

Pourquoi donc se sont-ils accoutrés comme ça? (Il tousse pour se donner une contenance.)

TONY, gravement **.

Mon cher monsieur Calino, vous avez là un vilain rhume. Si vous vous proposez de tenir le dé de la conversation une quinzaine de jours seulement, ça va bien vous gêner. Du reste, scindez votre discours en autant de points que vous le jugerez convenable. (Calino s'incline. Tous s'inclinent.)

CALINO, à part ***.

Pourquoi donc se sont-ils accoutrés comme ça?

LAFAUCOLLIÈRE.

Offrez un siége à M. Calino. (Tous se précipitent; chacun apporte, qui un fauteuil, qui un tabouret, et les siéges se trouvent réunis en même temps autour de l'orateur.)

CALINO.

Messieurs, en vérité c'est trop ! (Ils retirent tous leurs siéges.) Ah ! je n'en ai plus assez.

MISTIGRIS, lui donnant le sien.

Ah ! pardon ! pardon !

TONY.

Mistigris, préparez donc un verre d'eau sucrée.

CALINO, s'asseyant.

Je vous rends grâce, Messieurs, vous donnez trop d'importance...

MISTIGRIS, qui a rempli d'eau un grand verre dans lequel il a plongé le manche d'une brosse ****.

Voilà... (A Calino.) N'oubliez pas d'agiter fortement, c'est essentiel, il n'y a pas de sucre.

CALINO.

Messieurs...

* Tony, Mistigris, Calino, Lafaucollière, Fritz, Scipion.
** Tony, Lafaucollière, Calino, Mistigris, Fritz, Scipion.
*** Lafaucollière, Tony, Calino, Mistigris, Fritz, Scipion.
**** Lafaucollière, Tony, Mistigris, Calino, Fritz, Scipion.

MISTIGRIS, l'interrompant *.

Pardon !... (Posant devant lui un énorme grès.) pour faciliter l'élocution, Démosthène n'en mangeait pas d'autres. (Un temps de silence solennel, Calino se lève, se rassied, s'essuie le front, personne ne bouge.)

CALINO, à part.

Allons, de l'aplomb !... et posons-nous comme il faut, étonnons-les .. (Après un temps.) Messieurs, jusqu'à présent, vous m'avez pris pour un homme non-seulement sans avenir, mais encore sans passé ; soyez francs.

SCIPION, avec intérêt.

Expliquez-vous ?

TOUS.

Parlez, parlez.

CALINO, un peu encouragé.

Voici en deux mots mon histoire... Fils d'une noble famille du Bourbonnais, je fus atteint de bonne heure de la maladie des aventures.

TOUS.

Écoutons, écoutons.

CALINO, croisant les jambes avec assurance.

A vingt ans, capitaine d'un corsaire, je croisais dans les mers du sud... à vingt-quatre, j'étais officier d'état-major de l'empereur du Mexique, et enfin, à trente, le hasard me faisait roi de l'une des îles de l'océan Pacifique. (Tous s'inclinent avec respect.) Mais un an plus tard, à la suite d'une révolte...

TONY, se levant.

Vous périssiez assassiné ?...

MISTIGRIS.

Ah ! tant mieux !

CALINO.

Non, je faisais voile pour la France; une fois sur la terre aimée des arts, je vécus en bohème pendant quelques années; et je fus tour à tour et avec un égal succès homme de lettres, comédien.

FRITZ.

Et marchand de robinets ?

CALINO.

Enfin, Messieurs... je dévorai trois fortunes, et ne pus garder un ami.

LAFAUCOLLIÈRE, qui s'est mis sur le nez un cornet de papier.

Les dévorâtes-vous aussi ?

CALINO, avec une sensibilité jouée.

Ils me quittèrent tous; alors, le cœur ulcéré, je vins à vous, Messieurs, vous m'ouvrîtes vos bras, et...

SCIPION, le serrant dans ses bras.

Mon ami ..

* Lafaucollière, Tony, Calino, Mistigris, Fritz, Scipion.

FRITZ, de même.

Notre ami...

CALINO.

Vous savez le reste... j'ai juré de suivre vos traces, et je les suivrai; mes pas sont encore chancelants, mais je le sens là, Messieurs, un jour vous serez fiers de moi, car bon sang ne peut mentir. J'ai donc, comme vous le voyez, quelques titres à vos égards, et par conséquent j'espère que vous me laisserez dorénavant tranquille. J'ai dit... (Calino se lève et salue. — Moment de silence. — Tous les peintres se regardent les uns et les autres en donnant à leur visage les marques du plus profond étonnement.)

CALINO.

Messieurs, je ne sais... si je me suis bien fait comprendre... mais... (En ce moment Lafaucollière fait un signe avec sa canne, et alors commence cette scie d'atelier nommée le fou-rire. Mistigris fait les deux premières notes. Fritz les quatre suivantes, Scipion les huit autres (etc.) jusqu'à ce que l'ensemble de toutes ces hilarités forme un charivari épouvantable. Alors Lafaucollière fait un nouveau signe, et le rire s'arrête tout à coup.)

CALINO, à part.

Qu'est-ce que ça veut dire?

LAFAUCOLLIÈRE.

Votre affaire est mauvaise, enfin la cour va en délibérer.

CALINO.

Comment, en délibérer? (Tous les peintres, sur un nouveau signe de Lafaucollière, ont formé un groupe très-serré, et ils font le simulacre d'une délibération par un mouvement assourdissant; Calino, de plus en plus inquiet, veut s'éloigner.)

LAFAUCOLLIÈRE.

L'affaire est entendue!

CALINO.

Hein?

LAFAUCOLLIÈRE *.

Sur toutes les questions : oui l'accusé est coupable du crime de lèse-majesté envers ses supérieurs et maîtres, pour avoir tenté de les mystifier à cent degrés au-dessus de raison... en conséquence, demandons que le sieur Calino soit passé par les peintres...

TOUS.

Oui, oui...

LAFAUCOLLIÈRE, à Calino.

Vous l'entendez, nous allons veiller à l'exécution de l'arrêt. (Ils sortent solennellement, Scipion une grosse serrure à la main fait jouer les ressorts.)

SCÈNE X.

CALINO, puis RÉGINA.

CALINO, découragé, s'asseyant.

Ils m'enferment! ça n'a pas pris .. Sacrebleu! j'ai encore gâté

* Tony, Fritz, Mistigris, Lafaucollière, Scipion, Calino.

mes affaires... je les connais! leur vengeance sera terrible... ah! dans des cas pareils, on devrait toujours avoir un bon médecin sur soi; on lui demandrait une attaque d'apoplexie foudroyante, et...

RÉGINA, entrant *.

Ah! le voilà, je me le suis bien promis, je ne l'abandonnerai pas. Eh bien! mon pauvre monsieur Calino, qu'est-ce que je viens d'apprendre? vous avez donc fait des boulettes?...

CALINO.

Mon Dieu!... ne m'en parlez pas... j'ai voulu finasser... j'espérais leur imposer du respect, grâce à quelques mensonges bien innocents... je m'étais arrangé une petite généalogie avec pas mal de merlettes sur champ d'azur...

RÉGINA.

Et ils ont bouleversé votre champ?

CALINO.

Mon Dieu oui.

RÉGINA.

Vous avez eu tort, voyez-vous, il ne faut jamais chercher à ébouriffer les artistes, c'est comme si on leur faisait, ksic! ksic! ça les excite.

CALINO.

Et ils n'ont pas besoin de ça?

RÉGINA.

Non... tandis que si vous aviez été modeste avec eux, ils seraient devenus doux comme des moutons... croyez-moi, il y a chez eux un vieux fonds qui n'est pas mauvais.

CALINO, se levant, et hochant la tête.

Un vieux fonds, un vieux fonds!... je crois qu'ils l'ont mangé celui-là, et c'est pour ça qu'à présent ils mangent le mien.

RÉGINA.

Pauvre homme!

CALINO.

Ils ne me laisseront que les yeux pour pleurer.

RÉGINA.

Voyons, ne vous désespérez pas... vous avez une amie qui veillera sur vous, et qui saura bien empêcher que la plaisanterie ne passe les bornes... J'ai vu votre femme, elle est fort en colère contre vous... mais je la calmerai... je veillerai aussi sur votre sœur... je ne les quitterai pas, je vous le promets, soyez tranquille, je réponds de tout **. (Elle sort.)

SCÈNE XI.

CALINO, puis MISTIGRIS.

CALINO.

Elle les calmera, dit-elle, est-ce que ma femme et ma sœur

* Régina, Calino.
** Calino, Régina.

seraient du complot? Régina avait l'air inquiet, ma femme !... Eh bien ! qu'est-ce qu'elle pourrait donc me faire? Ah! mon Dieu!... mais j'y songe! monsieur Tony lui fait les doux yeux, il me semble !... et monsieur Scipion parle toujours bas à Marie !
(Il va sortir et rencontre Mistigris qui entre en feignant une grande douleur.)

MISTIGRIS.

Un mot, je vous prie, monsieur Calino.

CALINO *.

Je n'ai pas le temps, il faut que je parle à ma femme et à ma sœur.

MISTIGRIS.

Elles sont avec madame Régina.

CALINO, un peu rassuré.

Ah! c'est vrai! elle a dit qu'elle ne les quitterait pas. Eh bien ! qu'est-ce que vous me voulez? qu'est-ce que vous avez?

MISTIGRIS, soupirant **.

Hélas !

CALINO.

Quoi?

MISTIGRIS, de même.

Infortuné Calino!

CALINO.

Qu'y a-t-il?

MISTIGRIS.

Du courage! soyez stoïque; l'homme n'est jamais plus grand que dans le malheur.

CALINO, de plus en plus effrayé.

Hein?

MISTIGRIS.

Permettez-moi de me taire.

CALINO.

Non, non, je veux tout savoir.

MISTIGRIS, avec émotion.

Calino!... mon pauvre Calino !... songez aux Spartiates... aux motifs de la guerre de Troie... au passage des Thermopyles, ne m'en demandez pas davantage. L'homme perd son repos en cherchant l'inconnu... par delà les horizons.

CALINO.

Parleras-tu? petit malheureux.

MISTIGRIS.

Vous m'injuriez, quand je viens ici mêler mes larmes aux vôtres.

CALINO, avec doute.

Ah ! oui, je vous connais; mais voyons... qu'est-ce qu'ils m'ont fait encore?

* Calino, Mistigris.
** Calino, Mistigris.

MISTIGRIS.

Calino, votre maison est sens dessus dessous... Sous prétexte de renouveler l'air, ils ont enlevé tous les carreaux des croisées; sous prétexte de juger de la qualité du crin des meubles, ils ont éventré tous les fauteuils; sous prétexte de donner un peu de gaieté à la maison, ils ont lâché une colonie de souris dans les chambres... et enfin... mais le cœur me manque, Calino, je ne saurais continuer l'énumération des malheurs qui viennent de vous frapper, je n'ai pu les prévenir, eux; mais vous, du moins, je vous aurai prévenu.

CALINO, avec douleur.

Oh! les méchants! les méchants!

MISTIGRIS, frappé de l'accent de Calino et lui prenant la main.

Calino!

CALINO.

Eh bien! qu'est-ce que tu as?

MISTIGRIS, ému.

Je ne sais pas!... mais vous, vous venez d'avoir un vrai cri... et... (Montrant son cœur.) Il a retenti là.

CALINO.

Bien vrai?... tu ne me fais pas encore poser?

MISTIGRIS, avec élan.

Non, oh! non, vous m'avez fait mal!... foi de rapin!

CALINO, heureux.

Au fait, ça se peut bien après tout, car tu es jeune, tu dois avoir encore un petit reste de cœur... oui, tu me plains, je veux le croire, je le crois... j'ai tant besoin de trouver quelqu'un qui me défende... car je suis seul contre tous... Dix contre un, comme dans la tour de Nesle... ça n'est pas généreux.

MISTIGRIS.

Dam! c'est vrai.

CALINO.

Je n'ai jamais fait de mal à personne moi, pourtant.

MISTIGRIS.

Oh ça! non...

CALINO.

Je vous aimais tous... toi surtout, Mistigris... parce que tu es le plus jeune... le plus faible... et surtout parce que tu es orphelin. Et si j'avais été riche... vois-tu? eh bien, j'aurais voulu être ton père, et te donner de temps en temps une belle casquette neuve, mais je n'avais pas même de moyens d'existence pour moi, je ne pouvais donc pas t'adopter, la loi s'y oppose... mais l'intention y était...

MISTIGRIS, attendri.

Calino, ne parlez pas comme ça, vous allez me faire pleurer, c'est bête...

CALINO, le prenant dans ses bras.

Non va, ce n'est pas bête, c'est bon de pleurer... depuis bien longtemps je n'ai plus que ce bonheur-là, moi, mais je ne peux pas le goûter souvent, parce que ça les fait rire; aussi je ne pleure que quand je suis seul, je pleure le dimanche.

MISTIGRIS.

Voyons, mon vieux Calino, taisez-vous.

CALINO.

Non, non, ça me fait du bien... de pouvoir conter mes peines à quelqu'un.

MISTIGRIS, pleurant *.

Calino... (Jetant sa casquette avec colère.) Ah! je suis un méchant crapaud *.

CALINO.

Toi, non... tu as versé quelques bonnes larmes sur ce pauvre Calino, et tu lui as rafraîchi le cœur... c'est gentil, sais-tu. (Avec désespoir.) Oh! mon Dieu! si j'avais du talent... mais il paraît que je ne fais que des croûtes... on le dit du moins. J'y songe... tu es mon ami, toi, et tu pourras m'éclairer... (Lui montrant son tableau.) Tiens, dis moi franchement ce que tu penses de ça.

MISTIGRIS, embarrassé.

Mais dam!

CALINO.

Va, va, ne crains pas de m'affliger.

MISTIGRIS, avec chagrin.

Eh bien! mon pauvre Calino, s'il faut vous dire la vérité, c'est manqué comme tout.

CALINO.

Ah! c'est manqué? alors c'est pas réussi... Ainsi tu crois que... c'est drôle! le sujet est joli pourtant... l'enlèvement de Déjanire, enfin!... (Il se lève.) Allons, je le vois... je ne suis bon à rien... je vas me jeter à l'eau. (Il remonte.)

MISTIGRIS, s'élançant.

Calino... pas de bêtises.

CALINO.

Mais ça n'est pas si bête! comme ça, Laure sera libre; elle pourra épouser des horlogers, et elle restera une honnête femme, ça arrange tout. (Il remonte; rencontrant le grés de la scène précédente.) Tiens, voilà mon affaire, je me mettrai ça au cou.

MISTIGRIS.

Calino!

CALINO, poussant un grand cri.

Ah!

MISTIGRIS.

Quoi!

CALINO, riant, criant et sautant **.

Ah! ah! ah! ah!

MISTIGRIS, inquiet.

Ah! mon Dieu!...

* Mistigris, Calino.
** Calino, Mistigris.

CALINO, à lui-même.

Ce que me disait Régina... le conseil qu'elle me donnait... oui, oui, comme ça je les désarmerai... (Haut.) Embrasse-moi... c'est une illumination d'en haut ! (Sortant.) Calino a de l'esprit ! Calino... a trouvé... Calino est un grand homme !... sauvé... sauvé !... (Il sort en courant.)

MISTIGRIS.

Il est devenu fou!... oh ! nom d'un chien! et c'est nous... et c'est moi... ah! ah! ah! Calino! Calino ! (Mistigris éclate en sanglots grotesques et s'élance sur les pas de Calino; en même temps Tony paraît à la porte de droite avec Laure.)

SCÈNE XII.

LAURE, TONY, puis RÉGINA.

TONY.

N'écoutez pas Régina, ma chère Laure. Elle vous ferait tomber en pleine morale en action, et vous n'y gagneriez rien, car vous ne pouvez prétendre au prix Monthion... ce genre de primes étant exclusivement réservé aux victimes de la petite vérole.

LAURE.

Je ne vous dis pas, monsieur Tony, mais cependant...

TONY.

Vous n'aurez plus de scrupules quand je vous aurai tout dit.

LAURE.

Quoi donc ?

TONY.

Ah! j'en ai appris de belles sur le compte de ce roué de Calino.

LAURE.

Il serait possible !...

TONY, avec mystère.

Calino a du talent, énormément de talent, et il le laisse sous le boisseau.

LAURE.

Par exemple ?

TONY.

Bien plus, il est sorti d'une souche illustre, chez les Calino.. il y a plus de deux cents bâtons de maréchaux de France.

LAURE.

Ah !

TONY.

Depuis des siècles, dans sa famille, on ne se chauffe qu'avec ces bâtons-là.

LAURE, étonnée.

Ah ! c'est trop fort !

TONY.

Enfin, Calino est noble à faire pâlir La Trémouille.

LAURE.

La Trémouille?...

TONY.

Il est mort... c'était un homme très-bien, un capitaine de la garde nationale.

LAURE.

Et enfin, mon mari?

TONY.

Votre mari? l'époque du bon plaisir n'a rien produit de plus graveleux... votre mari a eu des châteaux, des domaines et des bonnes fortunes; il meublait en palissandre un tas de petites maisons, dans la banlieue; bref, Calino a dévoré en marquises, en pistaches et en soupers mignons, la fortune de trois fermiers généraux.

LAURE.

Le chenapan!... qui est-ce qui aurait cru ça? Mais quel moment choisissait-il donc?

TONY, gravement.

Il se relevait la nuit.

RÉGINA, entrant, à part.

Les voilà!

LAURE.

Je suis furieuse.

TONY.

Vengez-vous...

RÉGINA *.

Ce rôle de chien de berger est très-fatiguant... (Haut.) hem! hem!

LAURE.

Quelqu'un...

TONY, à part.

Régina!... que le diable l'emporte.

RÉGINA.

Madame Calino, je voudrais vous parler.

LAURE.

A moi?

RÉGINA.

Oui.

TONY, bas à Laure.

Ce soir, ici je vous attendrai...

RÉGINA, se mettant entre eux.

Eh bien! madame, venez-vous?

LAURE, vivement.

Quand vous voudrez, Madame.

* Tony, Laure, Régina.

RÉGINA.

Venez !

LAURE.

Me voici...

TONY, bas.

A ce soir...

LAURE, bas.

A ce soir... (Elle sort à droite avec Régina, en faisant des signes d'intelligence à Tony.)

SCÈNE XIII.

TONY, puis SCIPION.

TONY, joyeux.

Allons ! allons ! il y a, je crois, une forte brèche au cœur de la place... un enlèvement, c'est drôle, mais ça exige de l'argent. Ah çà ! il s'agit de réaliser des sommes ! qu'est-ce que l'on pourrait bien laver ici .. (Il furette dans l'atelier.)

SCIPION, entrant sans le voir.

Marie me suivra !... mais il faut que je trouve ici une chaise de poste. (Il cherche.)

TONY, arrêté devant une toile *.

Une marine de Scipion, qu'est-ce que ça peut valoir ?

SCIPION, s'arrêtant devant le tableau de Tony.

Un paysage de Tony, ça vaut bien douze francs.

TONY, l'apercevant.

Mettons huit francs cinquante... ah ! on m'en donnera bien dix livres avec le cadre.

SCIPION.

En disant que c'est l'œuvre d'un artiste mort sur la paille, Judicis ira jusqu'aux trois pièces de cent sous.

TONY.

Tiens !

SCIPION.

Qu'est-ce que tu fais donc ?

TONY.

J'allais négocier ta marine.

SCIPION.

Tiens ! moi j'allais faire du cinq avec une coupe de tes bois...

TONY, avec dédain.

Oh ! Scipion ! fi !

SCIPION.

Fi ! Tony !

TONY, riant.

Elle est bonne !...

* Scipion, Tony.

SCIPION.

Enfin, ça prouve que nous avons confiance dans le talent l'un de l'autre. (Ils se donnent une poignée de main.)

TONY.

Oui... j'ai estimé cette page dix francs.

SCIPION, indigné.

Dix francs... ah! tu étais digne de faire partie du jury de peinture. (Ils éclatent de rire. — Fritz, Lafaucollière, Régina et Mistigris entrent dans l'atelier.)

SCÈNE XIV.

TONY, SCIPION, FRITZ, LAFAUCOLLIÈRE, MISTIGRIS, RÉGINA.

LAFAUCOLLIÈRE, entrant, à Mistigris.

Allons donc, rapin, tu as rêvé tout ça.

MISTIGRIS, pleurant.

Mais puisque je vous dis que je l'ai vu et entendu.

SCIPION.

Qu'y a-t-il donc?

LAFAUCOLLIÈRE.

Des bétises... Mistigris qui prétend que Calino est devenu fou...

TONY.

Fou!...

MISTIGRIS.

Oui, il a une toute drôle de figure... il a des yeux comme des boules de loto.

RÉGINA à part *.

Ah! mon Dieu! est-ce que réellement ce pauvre Calino?

MISTIGRIS.

Vous venez encore de lui faire un tas de charges! mais, ça ne lui fera plus rien, allez, car il est fou, j'en suis sûr.

LAFAUCOLLIÈRE.

Bah!

MISTIGRIS, pleurant.

En tout cas, moi je n'en joue plus, ça m'a fait trop de peine...

LAFAUCOLLIÈRE, au fond.

Tenez le voilà!... et il est bien toujours le même.

SCÈNE XV.

LES MÊMES, CALINO.

(Calino a tout à fait l'air hébété; la démarche est incertaine. Il salue niaisement et continue à mesurer à terre avec un mètre.)

LAFAUCOLLIÈRE, bas aux autres.

Nous allons rire, allez.

* Scipion, Régina, Lafaucollière, Mistigris, Fritz, Tony.

CALINO, à part.

Régina a raison, ils ne sont pas si méchants qu'ils le paraissent, je vais bien le leur prouver.

LAFAUCOLLIÈRE.

Qu'est-ce que vous faites donc là, monsieur Calino?

CALINO, mesurant toujours.

Ah! je vais vous dire... comme le vent a cassé tous les carreaux, je vas changer les fenêtres de place... je vas les mettre là. (Il montre le plancher.)

TONY, étonné.

Hein?

CALINO.

Mais ce mètre-là n'est pas commode, il est trop court. (Tous rient. Régina l'observe avec inquiétude.)

CALINO, tristement.

Vous êtes gais, vous, vous êtes bien heureux, moi j'aurais assez aimé être gai... d'autant mieux qu'étant d'un naturel triste, ça m'aurait distrait; mais je n'ai jamais pu.

LAFAUCOLLIÈRE.

C'est bien simple, pourtant : on n'a qu'à rire de tout, même du malheur; à propos... Calino, votre chien est parti!

CALINO *.

Ah! Céruse est parti! (A part, avec douleur.) Ils ont perdu mon pauvre chien.

RÉGINA.

Pauvre Calino!

CALINO, reprenant son flegme.

Comprenez-vous ça? me quitter! lui, Céruse! un chien qui avait toute ma confiance et que j'avais mis avec moi sur le pied d'une égalité parfaite!... ah! le maudit chien!... s'il ne revient pas... je lui flanquerai une drôle de pile. (On rit moins encore; les artistes se regardent étonnés.)

MISTIGRIS, pleurant **.

Eh bien! vous voyez!...

LAFAUCOLLIÈRE, aux autres.

Qu'est-ce que ça prouve? vous le savez, Calino, un malheur ne vient jamais seul. Eh bien! votre cave est pleine d'eau, mon pauvre ami, la rivière y fait élection de domicile.

CALINO, après un mouvement, avec le même flegme.

Oh! c'est étonnant!... car la Seine n'est pas plus haute qu'à l'ordinaire... j'en suis bien sûr, moi; j'ai fait une marque à un bateau, et, depuis huit jours, l'eau n'a pas dépassé la marque; ainsi. (Il va à son chevalet.)

SCIPION, à Lafaucollière.

Voyons! en voilà assez.

* Scipion, Régina, Lafaucollière, Mistigris, Fritz, Tony.
** Scipion, Régina, Calino, Lafaucollière, Mistigris, Fritz, Tony.

LAFAUCOLLIÈRE.

Ah! vous me faites mal, vous... (A Calino.) Vous avez choisi là un drôle de sujet, Calino; un enlèvement... était-ce un pressentiment?

CALINO, après un mouvement réprimé aussitôt, et en confidence *.

Oui, c'était un pressentiment. (Il rit niaisement. — La nuit est venue, et Calino peint toujours.)

LAFAUCOLLIÈRE.

Ah çà! mais, monsieur Calino, vous ne devez pas voir ce que vous faites...

CALINO.

Non, et j'aime mieux ça... parce que quand je le vois, ça me décourage.

FRITZ, ému, à Lafaucollière.

Il a quelque chose de démonté, c'est sûr, et ça devient de la lâcheté!...

TOUS.

Oui, oui...

MISTIGRIS.

Ah! enfin! (Cette scène se joue à voix basse dans un coin de l'atelier du côté opposé à Calino.)

FRITZ, continuant.

Et je ne souffrirai pas...

TONY ET SCIPION.

Moi non plus.

MISTIGRIS.

Et moi non plus, sapristi. (Lafaucollière, rit, Régina s'est approchée de Calino qui continue de peindre en observant les jeunes gens à la dérobée.)

SCIPION.

Voulez-vous que je vous le dise?... eh bien! nous sommes tous des drôles...

MISTIGRIS.

Des polissons...

LAFAUCOLIÈRE.

Vous êtes tous des myosotis et des pointus.

RÉGINA, s'avançant **.

Vous êtes de braves garçons, et M. Lafaucollière est un sans cœur!...

MISTIGRIS.

Oui, c'est lui qui a été l'instigateur de nos mauvaises charges; à l'échelle, Lafaucollière!

TOUS ***.

Oui, oui, à l'échelle!

LAFAUCOLLIÈRE, effrayé.

Heim!

* Calino, Mistigris, Lafaucollière, Régina, Fritz, Scipion, Tony.
** Calino, Lafaucollière, Mistigris, Régina, Fritz, Scipion, Tony.
*** Lafaucollière, Calino, Tony Régina, Scipion, Fritz, Mistigris.

RÉGINA.

Plus tard, il faut d'abord réparer le mal que vous avez fait.

TOUS.

Oui, oui.

RÉGINA.

Et renoncer à celui que vous vouliez faire; entendez-vous, monsieur Scipion, et vous aussi, monsieur Tony.

TONY.

Laure, Marie? n'est-ce pas? Soyez tranquille, j'attacherai Scipion.

SCIPION.

Et moi, j'attacherai Tony.

RÉGINA, s'asseyant.

Eh bien! voyons, entendons-nous.

FRITZ.

Moi!... j'ai un oncle à l'entrepôt, que j'ai immortalisé en plâtre, il remplira la cave quand je l'aurai vidée.

SCIPION *.

Quant aux souris, j'ai une vieille tante qui est livrée aux bètes de gouttières, je lui volerai un chat; mais il ne faudra pas le mettre en gibelotte.

TONY.

Nous décorerons la maison, nous en ferons une succursale du musée; ça l'achalandera.

SCIPION.

Je fournirai un bon tableau de salle à manger : Ugolin avec ses enfants **.

RÉGINA.

Et Lafaucollière paiera les carreaux cassés.

TOUS.

Oui... oui...

LAFAUCOLLIÈRE.

Le plus souvent!

FRITZ.

Dévalisons-le. La bourse, ou à l'échelle.

TOUS.

La bourse ou la vie.

LAFAUCOLLIÈRE.

Un instant... un instant, diable! je paie. (Il donne sa bourse.)

RÉGINA.

Moi, je donne mes pierreries. (Elle détache son bracelet et ses boucles d'oreilles.)

CALINO, qui pleure en cachette, à part.

Ah! j'étouffe!

* Lafaucollière, Calino, Fritz, Scipion, Régina, Tony, Mistigris.
** Calino, Lafaucollière, Fritz, Tony, Régina, Mistigris, Scipion.

SCÈNE XVI.

Les mêmes, MARIE, LAURE.

MARIE, à part, entrant à gauche.

Du monde!

LAURE, entrant du fond.

Il n'est pas seul!

SCIPION.

Madame Calino!

TONY.

Marie... Messieurs, j'exige que Scipion fasse immédiatement sa demande en mariage.

SCIPION.

Volontiers, mais Tony ira faire un tour en Auvergne.

TONY.

C'est dit... *.

LAURE, à qui Régina a parlé bas.

Il se pourrait, Calino **...

MARIE.

Mon frère!

CALINO, se levant, et tout en larmes.

Ah! je n'y tiens plus; mais c'est le paradis qui est descendu dans ma maison et moi je devrais être à cent pieds sous terre, car je vous ai trompés... Je suis bien un peu toqué, mais je ne suis pas fou. Je voulais vous intéresser à moi... vous forcer à me protéger... et j'ai réussi, parce que vous êtes bons; mais à présent, j'ai des remords. Je ne veux rien accepter... gardezvos cadeaux, mes bons amis. Laissez-moi seulement ma femme, ma sœur et mon chien; si je le retrouve, c'est tout ce que je vous demande ***.

LAURE.

Mon pauvre Calino!

MARIE.

Mon bon frère! (Elles le pressent dans leurs bras.)

LAFAUCOLLIÈRE, à part.

Eh bien! le diable m'emporte! je crois que ça me gagne. (Il essuie une larme.) Qu'est-ce que je pourrais donc bien trouver. Ah! (Il était près de la croisée, il pousse un cri et sort en courant.)

SCIPION.

Maintenant, Calino, j'aime ta sœur, et je te la demande.

TONY.

Et moi, je pars pour l'Auvergne.

* Calino, Fritz, Laure, Lafaucollière, Tony, Marie, Régina, Scipion.
** Calino, Laure, Marie, Fritz, Lafaucollière, Mistigris, Tony, Rég.
*** Laure, Lafaucollière, Calino, Marie, Fritz, Tony, Mistigris, Régina, Scipion.

CALINO, leur serrant les mains à tous.

Ma femme, ma sœur... mes chers camarades !... Ah ! il ne me manque plus qu'un ami.

LAFAUCOLLIÈRE, rentrant avec un chien dans les bras.

Le voilà ! le voilà !

CALINO, le prenant et l'embrassant.

Céruse !

LAFAUCOLLIÈRE.

Il ne vous quittera plus, je me charge de ses contributions.

SCIPION.

Et nous nous chargeons de votre bonheur, nous vous ferons peintre malgré vous.

TOUS.

Oui, oui !...

CALINO.

Oui, mes amis, mais peintre d'enseignes, c'est un bon état ; et si on n'a pas de talent, au moins, on n'est pas forcé de l'aller dire à Rome.

(On entoure Calino ; Régina, joyeuse, donne des poignées de main à tout le monde.)

FIN.

LAGNY. — Imprimerie de VIALAT et Cie.

www.ingramcontent.com/pod-product-compliance
Lightning Source LLC
LaVergne TN
LVHW020253230826
846091LV00006B/2396

* 9 7 8 2 3 2 9 4 1 2 7 8 8 *